INVENTAIRE
V 35,648

N° 2.

NOUVELLE MÉTHODE DE CALCUL,

BASÉE SUR LA DÉCOMPOSITION DES CHIFFRES,

FAISANT SUITE AU TABLEAU DE CALCUL,

Par Mme Ve COUSSAN, Institutrice.

NOUVELLE MÉTHODE DE CALCUL,

BASÉE SUR LA DÉCOMPOSITION DES CHIFFRES,

FAISANT SUITE AU TABLEAU DE CALCUL,

Par Mme Ve COUSSAN, Institutrice.

N° 2.
1864

Nº 1.

8698	9489	8796	4674	234
7565	6855	75		
4878				
4986				

N° 2.

8678	9008	9897
9689	7965	86
7897	——	——
8968		
——		

98343 | 334

N° 3.

8787	9537	8768	76543	347
7686	8664	67		
5845				
9678				

N° 4.

7938	9004	6876	6464	4338
4987	6757	78		
8898				
9689				

N° 5.

8897	8749	7898	76364	6453
6764	8565	87		
7689				
8898				

N° 6.

7958	9137	8797	876534	5436
6687	7493	96		
9988				
8978				

Nº 7.

8799	8254	8956	956456
6899	6768	98	64543
7868			
8989			

Nº 8.

```
    8215        9897  | 3458547 | 64538
    6656         809  |         |
    9889              |         |
    8989              |
    9898              |
    8989              |
```

# FRACTIONS DÉCIMALES.

Lire les nombres décimaux :

4,5	2,7	3,8	0,1	0,23	0,45	0,54	0,753
0,85	0,95	0,003	0,005	0,008	0,009	0,0007	
0,123	0,205	0,306		0,0002	0,0004	0,00025	
0,2365	0,3407	0,5345		0,4026	0,3248	0,2138	
0,0780	0,3567	3,00730		4,54080	6,436009		
7,020304	8,045	0,00045			4,30050	0,00000002	

N° 1.

5,35	24,35		21,37	7
42,255	18,24	5,38		
55,7		3		
0,25				

N° 2.

2, 49	29, 54	14, 37	372,14	9
53, 95	21, 25	2, 5		
0, 345				
88, 256				

14

N° 3.

15,36	38,640	28,67
0,28		3,7
47,9	7,370	
238,75		465,20 8

15

N° 4.

0,25	44, 43	54, 68	8,55	370
19, 7	38, 41	7, 76		
312, 55				
54, 327				

N° 5.

4, 7	67, 50	67, 58	3865	5, 60
52, 54	34, 69	9, 78		
676, 27				
0, 556				

N° 6.

88,39	89,75	0,028	263,416
657,44	68,28	0,009	
787,5			
3,685			

N° 7.

327000,50	802003,00	0,256	0,53040
1417,30	7542 86,75	0,014	14000
167,12			
5329,13			
40412,,,			

PROBLÈMES.

Élève. — 4

ADDITION.

(1) On a payé trois ouvriers, qui avaient gagné : le premier 8 fr., le second 10 fr., le troisième 9 fr. — Combien leur a-t-on donné ?

(2) Une personne achète pour 5 fr. de bougie, pour 6 fr. de sucre, pour 9 fr. de fromage. — Quelle somme a-t-elle dépensé ?

(3) Une dame a payé une robe 45 fr., un châle 90 fr. et un chapeau 14 fr. — Combien a-t-elle dépensé ?

(4) J'ai acheté pour 8 fr. de pain, 5 fr. de viande et 3 fr. de légumes. — Combien ai-je dépensé ?

ADDITION (Suite).

(5) Une personne est née en 1838 ; à quelle époque aura-t-elle 30 ans?

(6) Un marchand a vendu 224 bœufs, 358 moutons et 34 chevaux. — Combien a-t-il vendu d'animaux en tout?

(7) Une marchandise coûte 638 fr., on veut gagner 160 fr. — Combien faut-il la revendre?

(8) Un ouvrier a reçu 26 fr., un second ouvrier 7 fr. de plus que le premier; un troisième ouvrier, autant que les deux premiers. — On demande ce que chacun d'eux a reçu?

SOUSTRACTION.

(1) Une personne a acheté 85 mètres de drap; elle en a cédé 34 mètres à une autre personne. — Combien lui en reste-t-il?

(2) Quelle somme faut-il ajouter à 2,184 fr. pour faire 3,253 fr.

(3) Combien a-t-on gagné sur une maison qu'on a achetée 23,532 fr., et qu'on a revendue 32,180 fr.

(4) Une marchandise qui coûtait 325 fr. a été vendue 415 fr. — Combien a-t-on gagné sur la vente?

SOUSTRACTION (*Suite*).

(5) Une personne est née en 1825. — Quel âge aura-t-elle en 1864?

(6) J'avais 935 fr.; j'ai dépensé pour divers achats 678 fr. — Combien me reste-t-il?

(7) Un joueur avait en bourse 325 fr.; il perd 204 fr. — Que lui reste-t-il?

(8) Une personne aura 40 ans en 1865. — En quelle année est-elle née?

MULTIPLICATION.

(1) Une robe coûte 6 fr. — Combien coûteront 3 robes?

(2) Un gilet coûte 7 fr. — Combien coûteront 4 gilets?

(3) Une bague coûte 6 fr. — Combien coûteront 5 bagues?

(4) Une chaise vaut 7 fr. — Combien vaudront 5 chaises?

MULTIPLICATION (*Suite*).

(5) Un chapeau vaut 8 fr. — Combien vaudront 6 chapeaux ?

(6) Une lampe coûte 7 fr. — Combien coûteront 6 lampes ?

(7) Une malle coûte 8 fr. — Combien coûteront 7 malles ?

(8) Une rame de papier vaut 9 fr. — Combien vaudront 6 rames ?

MULTIPLICATION (Suite).

(9) Une cravate vaut 5 fr. — Combien vaudront 10 cravates ?

(10) Une couverture vaut 8 fr. — Combien vaudront 8 couvertures ?

(11) Une chemise coûte 9 fr. — Combien coûteront 7 chemises ?

(12) Un tapis vaut 8 fr. — Combien vaudront 9 tapis.

MULTIPLICATION *(Suite)*.

(13) Un encrier vaut 9 fr. — Combien vaudront 9 encriers ?

(14) Un kilogramme de marchandise vaut 8 fr. — Combien vaudront 10 kilogrammes ?

(15) Un mètre de toile vaut 9 fr. — Combien vaudront 10 mètres ?

(16) Un mètre de drap coûte 4 fr. — Que coûteront 11 mètres ?

MULTIPLICATION *(Suite)*.

(17) Un mètre de soie coûte 6 fr. — Que coûteront 11 mètres ?

(18) Une pièce de calicot coûte 8 fr. — Que coûteront 11 pièces ?

(19) Un stère de bois vaut 12 fr. — Combien vaudront 3 stères ?

(20) Un mètre de velours vaut 12 fr. — Combien vaudront 4 mètres ?

MULTIPLICATION (Suite).

(21) Une chemise vaut 6 fr. — Combien vaudront 12 chemises ?

(22) Un pantalon coûte 8 fr. — Que coûteront 12 pantalons ?

(23) Un mètre de damas coûte 11 fr. — Que coûteront 12 mètres ?

(24) Un ouvrier gagne 5 fr. par jour. — Que gagnera-t-il en 12 jours ?

MULTIPLICATION (*Suite*).

(25) Un objet coûte 15 fr. — Combien coûteront la dizaine, le cent et le mille ?

(26) Un employé gagne 125 fr. par mois. — Quel est son traitement annuel ?

(27) Il y a dans une classe 12 bancs, dont chacun reçoit 11 élèves. — Combien y a-t-il d'élèves dans la classe ?

(28) Un commis gagne 6 fr. par jour. — Combien cela fait-il pour 3 ans ?

MULTIPLICATION (Suite).

(29) Si le kilogramme de marchandise vaut 48 fr. — Quel sera le prix de 65 kilogrammes ?

(30) Une pièce de vin de Bordeaux coûte 115 fr. — Combien coûteront 12 pièces ?

(31) Une pièce de drap contient 76 mètres. — Combien y aura-t-il de mètres dans 24 pièces ?

(32) Il y a 24 heures dans un jour. — Combien y a-t-il d'heures dans une année commune ?

DIVISION.

(1) 3 bagues coûtent 12 fr. — Que coûte la bague ?

(2) 4 chemises coûtent 16 fr. — Que coûte la chemise ?

(3) 3 robes coûtent 18 fr. — Que coûte la robe ?

(4) 5 gilets coûtent 20 fr. — Que coûte le gilet ?

DIVISION (Suite).

(5) 7 pantalons coûtent 28 fr. — Que coûte le pantalon ?

(6) 6 cravates coûtent 30 fr. — Que coûte la cravate ?

(7) 7 couteaux coûtent 35 fr. — Que coûte le couteau ?

(8) 7 paniers coûtent 42 fr. — Que coûte le panier ?

DIVISION (*Suite*).

(9) 9 lampes coûtent 45 fr. — Que coûte la lampe ?

(10) 10 écharpes coûtent 50 fr. — Que coûte l'écharpe ?

(11) 7 pièces de ruban coûtent 56 fr. — Que coûte la pièce ?

(12) 9 pièces de mérinos coûtent 63 fr. — Que coûte la pièce ?

DIVISION (Suite).

(13) 8 kilogrammes de marchandise coûtent 64 fr. — Que coûtera le kilogramme ?

(14) 9 couvertures coûtent 81 fr. — Que coûte la couverture ?

(15) 8 tables coûtent 72 fr. — Que coûte la table ?

(16) 10 mètres de toile ont coûté 90 fr. — A combien revient le mètre ?

DIVISION (Suite).

(17) 4 stères ont coûté 44 fr. — A combien revient le stère ?

(18) 11 mètres de drap ont coûté 66 fr. — A combien revient le mètre ?

(19) 12 mètres de drap ont coûté 48 fr. — A combien revient le mètre ?

(20) 6 mètres de drap ont coûté 72 fr. — A combien revient le mètre ?

DIVISION (*Suite*).

(21) 9 mètres de damas ont coûté 108 fr. — A combien revient le mètre ?

(22) 11 mètres de drap ont coûté 121 fr. — A combien revient le mètre ?

(23) 12 mètres de drap ont coûté 144 fr. — A combien revient le mètre ?

(24) Un ouvrier a reçu 72 fr. pour 9 journées de travail. — Combien a-t-il gagné par jour ?

DIVISION *(Suite)*

(25) Une pièce de drap qui contient 16 mètres a coûté 272 fr. A combien revient le mètre ?

(26) Quatre personnes se sont associées et ont gagné 4,324 fr. — Quelle sera la part de chaque personne ?

(27) 25 kilogrammes de marchandise ont coûté 425 fr. — A combien revient le kilogramme ?

(28) 9 caisses de marchandise ont coûté 549 fr. — Quel est le prix de chaque caisse ?

MULTIPLICATION ET DIVISION

(1) 4 robes ont coûté 16 fr. — Que coûteront 6 robes ?

(2) 5 chaises ont coûté 25 fr. — Que coûteront 7 chaises ?

(3) 6 bagues ont coûté 30 fr. — Que coûteront 8 bagues ?

(4) 8 malles ont coûté 40 fr. — Que coûteront 9 malles ?

MULTIPLICATION ET DIVISION

(5) 7 couvertures ont coûté 42 fr. — Que coûteront 8 couvertures ?

(6) 8 chemises ont coûté 48 fr. — Que coûteront 9 chemises ?

(7) 8 mètres de toile ont coûté 56 fr. — Que coûteront 9 mètres ?

(8) 9 kilogrammes de marchandise ont coûté 72 fr. — Que coûteront 8 kilogrammes ?

MULTIPLICATION ET DIVISION

(9) 9 pantalons ont coûté 81 fr. — Que coûteront 10 pantalons ?

(10) 10 stères ont coûté 80 fr. — Que coûteront 7 stères ?

(11) 10 caisses de marchandise ont coûté 100 fr. — Que coûteront 6 caisses ?

(12) 4 gilets ont coûté 36 fr. — Que coûteront 11 gilets ?

MULTIPLICATION ET DIVISION

(13) 11 mètres de toile ont coûté 55 fr. — Que coûteront 7 mètres ?

(14) 10 mètres de drap ont coûté 110 fr. — Que coûteront 8 mètres ?

(15) 11 mètres de drap ont coûté 99 fr. — Que coûteront 7 mètres ?

(16) 9 mètres de drap ont coûté 36 fr. — Que coûteront 12 mètres ?

MULTIPLICATION ET DIVISION

(17) 10 parapluies ont coûté 90 fr. — Que coûteront 12 parapluies ?

(18) 12 mètres de drap ont coûté 120 fr. — Que coûteront 10 mètres ?

(19) 11 mètres de drap ont coûté 132 fr. — Que coûteront 5 mètres ?

(20) 12 mètres de drap ont coûté 144 fr. — Que coûteront 8 mètres ?

PROBLÈMES

Sur les Fractions décimales.

ADDITION.

(1) Une cuisinière a acheté pour 5 fr. 25 c. de viande, 1 fr. 15 c. de légumes et pour 1 fr. 80 c. de sucre. — Combien a-t-elle dépensé?

(2) On a payé 3 ouvriers qui avaient gagné : le premier, 8 fr. 50 c.; le second, 11 fr. 25 c., et le troisième, 15 fr. 75 c. — Combien leur a-t-on donné?

(3) Un employé qui a travaillé trois mois a économisé : le premier mois, 9 fr. 25 c.; le second, 11 fr. 75 c.; le troisième, 13 fr. 15 c. — Combien a-t-il économisé en tout?

(4) Une fruitière a vendu pour 4 fr. 50 c. de légumes ; pour 6 fr. 75 c. de pommes de terre ; pour 9 fr. 85 c. d'œufs. — Combien a-t-elle retiré de sa vente?

(5) Un marchand qui a payé 106 fr. 15 c., doit encore 94 fr. 45 c. — Que devait-il?

(6) Une famille a dépensé dans une journée : pain, 1 fr. 30 c.; légumes, 40 c.; viande, 3 fr. 15 c.; beurre, 75 c. — A combien s'est élevée la dépense de la journée?

SOUSTRACTION.

(1) En vendant 68 fr. 45 c. une marchandise qui a coûté 52 fr. 75 c., combien a-t-on gagné ?

(2) J'avais 825 fr. 50 c.; je prête 364 fr. 75 c. — Combien me reste-t-il ?

(3) De 934 fr. 15 c. que j'avais, j'ai dépensé pour divers achats 648 fr. 40 c. — Combien me reste-t-il ?

SOUSTRACTION (Suite).

(4) Un homme a gagné dans une semaine 20 fr. 75 c.; il a dépensé 12 fr. 60 c. pour sa nourriture et 3 fr. 30 c. pour son logement. — Combien lui reste-t-il ?

(5) Une pièce de drap qui coûtait 264 fr. 45 c. a été vendue 318 fr. — Qu'a-t-on gagné ?

(6) Un marchand vend 75 fr. 25 c. ce qu'il a acheté 48 fr. 40 c. — Combien gagne-t-il ?

MULTIPLICATION.

(1) Une chemise coûte 5 fr. 50 c. — Combien coûteront 12 chemises ?

(2) Un mètre de drap vaut 12 fr. 25 c. — Que vaudront 9 mètres ?

(3) Un mètre de velours vaut 6 fr. 25 c. — Que vaudront 15 mètres ?

(4) Un homme dépense 4 fr. 75 c. par jour. — Combien dépense-t-il en 24 jours ?

MULTIPLICATION (Suite).

(5) Un sac de café coûte 108 fr. 25 c. — Combien coûteront 15 sacs ?

(6) Un ouvrier gagne 5 fr. 55 c. par jour. — Combien gagnera-t-il en 18 jours ?

(7) Un mètre de drap coûte 24 fr. 85 c. — Combien coûteront 100 mètres ?

(8) Si un porte-plume coûte 10 c., quel est le prix de 15 porte-plumes ?

DIVISION.

(1) On demande de partager 48 fr. 60 c. entre deux personnes.

(2) 12 parapluies ont coûté 96 fr. 60 c. — A combien revient le parapluie ?

(3) Une personne dépense 115 fr. 50 c. en 25 jours. — Combien dépense-t-elle par jour ?

(4) Un ouvrier a gagné 148 fr. 75 c. en 37 jours. — Combien a-t-il gagné par jour ?

DIVISION (Suite).

(5) Pour 456 fr. 40 c., on a acheté 16 mètres de drap. — A combien revient le mètre ?

(6) Le litre de vin se vendant 75 c., combien aura-t-on de litres pour 927 fr.

(7) On a payé 64 fr. 40 c. pour 8 kilogrammes de marchandise. — A combien revient le kilogramme ?

www.ingramcontent.com/pod-product-compliance
Lightning Source LLC
Chambersburg PA
CBHW070301100426
42743CB00011B/2296